DANS LA MÊME COLLECTION

BLUES 46
Moënard & E. Stalner

LE CONSTAT
Davodeau

CŒUR TAM-TAM
Benacquista & Berlion

IL FAUT Y CROIRE POUR LE VOIR
Forest & Bignon

MARÉE BASSE
Pecqueur & Gibrat

LA SAISON DES ANGUILLES
Lapière & Bailly

LIE-DE-VIN
Corbeyran & Berlion

WYOMING DOLL
Franz

LE VILLAGE QUI S'AMENUISE
Corbeyran & Balez

OÙ LE REGARD NE PORTE PAS (2 TOMES)
Abolin & Pont

Où le regard ne porte pas...

Scénario :
Georges ABOLIN et Olivier PONT

Dessin :
Olivier PONT

Couleur :
Jean-Jacques CHAGNAUD

PARIS • BARCELONE • BRUXELLES • LAUSANNE • LONDRES • MONTREAL • NEW YORK • STUTTGART

Merci
à Laurent Galmot, qui fut à l'origine du projet,
à Christophe Lemaire, qui y crut en premier,
et bien sûr à Guy Vidal, qui nous accueillit de chaleureux sourires,
et à qui cet album est dédié.

Mille bisous aux copains Jim, Hubert, Thierry, Régis, Zaza, Petit Ange,
et à tous ceux qui, à un moment ou à un autre, ont permis à cette histoire de voir le jour.

Georges, Olivier & Jean-Jacques

www.dargaud.com

© **DARGAUD 2004**
Tous droits de traduction, de reproduction et d'adaptation strictement réservés pour tous pays.
Dépôt légal : novembre 2004 • ISBN : 2-205-05092-3
Printed in France by PPO Graphic, 93500 Pantin

BARELLITO, 1902 ...

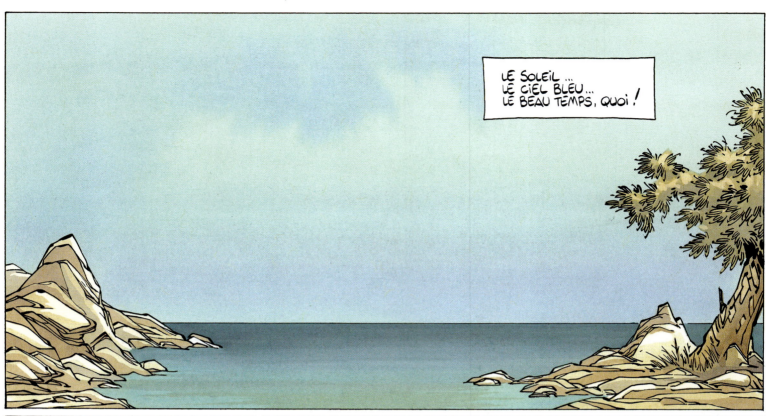

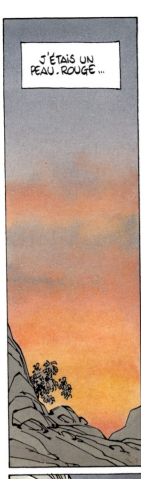

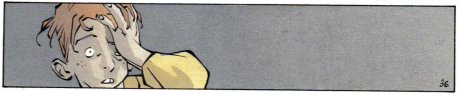

ET L'ÉTÉ PASSA, COMME ÇA...

VOUS VOYEZ, FRANCESCO, JE CROIS QUE DEPUIS TOUT GAMIN, JE N'AI RÊVÉ QUE DE ÇA...

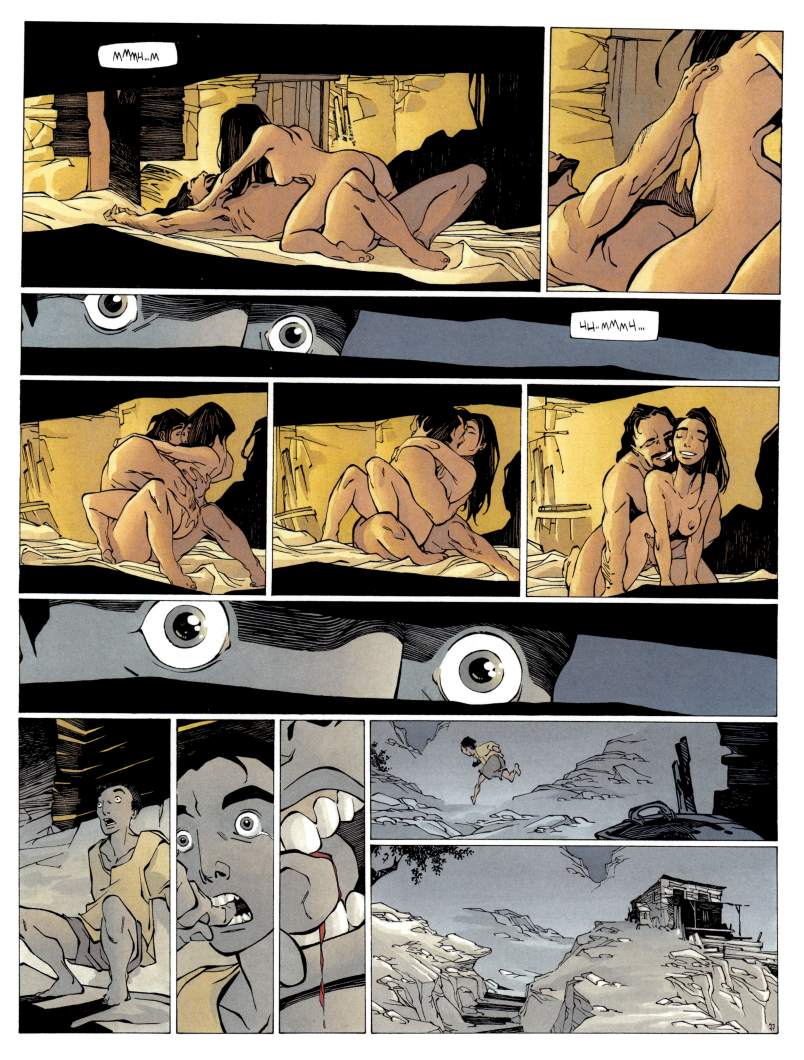

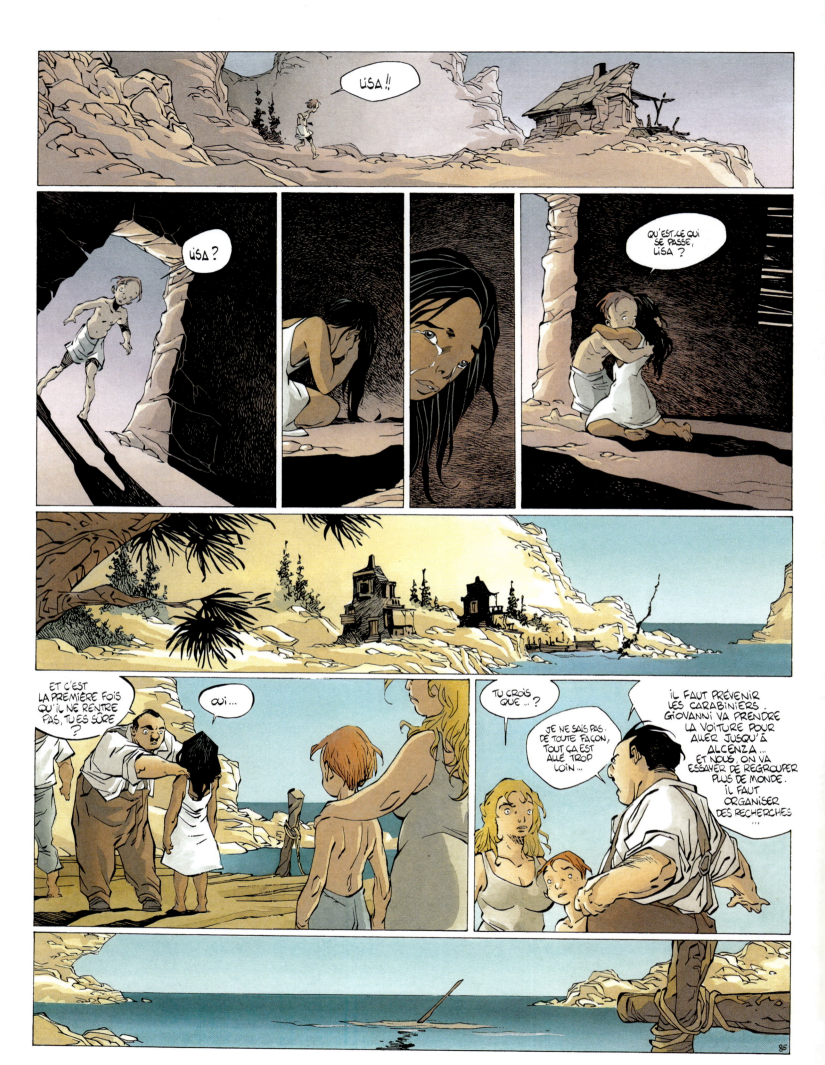

DES MÊMES AUTEURS

Olivier PONT

Arthur et les pirates - Vents d'Ouest

La Honte
(2 Tomes)
Scénario de Jim - Vents d'Ouest

Georges ABOLIN et Olivier PONT

Cap'taine Kucek
(3 Tomes)
Scénario Pont et Abolin, dessin Pont - Vents d'Ouest

Totale Maîtrise
(2 Tomes)
Scénario Pont et Abolin, dessin Abolin - Vents d'Ouest

Où le regard ne porte pas...
(2 Tomes)
Scénario Pont et Abolin, dessin Pont - Dargaud